Die Schönsten Kindergebete

illustriert
von Eugen Stross

HERDER

FREIBURG · BASEL · WIEN

Wie fröhlich
bin ich aufgewacht,
hab gut geschlafen
die ganze Nacht.
Hab Dank im Himmel,
du Vater mein,
dass du hast wollen
bei mir sein.
Bleib du bei mir
auch diesen Tag,
dass mir kein Leid
geschehen mag.

Du lieber Gott, behüte mich
und meine Eltern
gnädiglich.
Alle, die uns
sind verwandt,
beschütz durch deine
starke Hand.

Lieber Vater, segne diesen Tag.
Es soll ein guter Tag
werden. Ich will mich
heute bemühen, freundlich
zu anderen Menschen
zu sein. Ich freue mich auf
deine Welt.
Amen.

O Gott, von dem wir alles haben,
wir preisen dich für deine Gaben.
Du speisest uns, weil du uns liebst,
o segne auch, was du uns gibst.
Amen.

Jedes Tierlein hat zu essen,
jedes Blümlein trinkt von dir.
Hast auch mich heut nicht vergessen,
lieber Gott, ich danke dir.

Lass uns Herr,
beim Trinken, Essen,
deine Güte
nicht vergessen,
teil uns deine
Liebe aus, füll
mit Frieden
Herz und
Haus.
Amen.

Lieber Gott, ich danke dir,
dass du gabst zu essen mir.
Mache auch den Armen satt,
hilf, dass
keiner
Hunger
hat.

Unausstehlich war ich heute,
hab geärgert alle Leute,

war mit schuld an Krach und Streit,
lieber Gott, es tut mir Leid!

Wo ich geh und wo ich steh,
sei du, mein Engel, in der Näh.
Bei jedem Schritt,
bei jedem Tritt,
geh du, mein
lieber Engel, mit.

Wo ich gehe, wo ich stehe,
ist der liebe Gott bei mir.
Wenn ich ihn auch niemals sehe,
weiß ich sicher, Gott ist hier.

Guter Gott, mein Freund Lukas ist krank
und fühlt sich gar nicht wohl.
Gib, dass es nichts Schlimmes ist
und lass uns bald wieder
gemeinsam
spielen
können.
Amen.

Lieber Gott,
es ist etwas Furchtbares passiert,
mein Kaninchen ist tot!
Es wird nie wieder lustig herumhoppeln,
und ich kann es
nicht mehr streicheln.
Vater im Himmel,
ist es jetzt bei dir?
Bitte hab es ganz fest lieb.

Lieber Gott,
ich bin so traurig.
Bitte hör gut zu
und mach alles
ganz schnell
wieder gut.

Müde bin ich, geh zur Ruh,
schließe meine Äuglein zu.
Vater, lass die Augen dein
über meinem Bette sein.

Alle, die mir sind verwandt,
Gott, lass ruhn in deiner Hand.
Alle Menschen, groß und klein,
sollen dir befohlen sein.

Lieber Gott im Himmel du,
meine Augen fallen zu.
Bleib bei mir die ganze Nacht,
bis die Sonne wieder lacht.

So ein schöner Tag war heute,
lieber Gott, und so viel Freude
hat er wieder mir gebracht.
Dankbar sag ich: gute Nacht.

Lieber Gott, wenn es jetzt
dunkel wird, habe ich
trotzdem keine Angst.
Denn auch in dieser Nacht
bleibst du ja wach und
behütest mich
und alle
Menschen,
die ich lieb
habe.

Die Blumen und die Vögel
sind längst schon zur Ruh,
jetzt mache auch ich
die Augen zu.
Ruhig schlaf ich, ruhig träum ich
die ganze Nacht,
weil droben im Himmel
mein Gott mich bewacht.

Texte aus:
Hör zu, lieber Gott...,
12, 15, 23;
Meine liebsten Kindergebete,
6, 9, 11, 14;
Meine allerersten Gebete,
7, 17, 18, 21, 22;
alle Herder Verlag

Gedruckt auf umweltfreundlichem,
chlorfrei gebleichtem Papier

7. Auflage 2008

Umschlaggestaltung: H. Bausch
unter Verwendung einer Illustration
von Eugen Stross

www.herder.de
Druck und Einband: Tien Wah Press
ISBN: 978-3-451-27698-9